JN438079

언제나 내 안의 당신

현형수 시집

국립중앙도서관 출판예정도서목록(CIP)

언제나 내 안의 당신 : 현형수 시집 / 지은이: 현형수. --
부산 : 푸름사, 2017
p. ; cm

ISBN 978-89-94839-18-9 03810 : ₩12000

한국 현대시[韓國現代詩]

811.7-KDC6
895.715-DDC23 CIP2017018443

언제나 내 안의 당신

·

2017

언제나 내 안의 당신

현형수 시집

도서출판 푸른사

■ 저자의 말

빛은 온 세상을 고루 비추어 만물의 생장의 원천이 되지만 요즈음은 어쩐지 암울하고 우울한 회색빛 같아 자못 어두운 마음이다.

누구든 의욕을 갖게 되면 용기와 생기가 돋는다. 그런 시절도 잠시, 생生의 흥취도 쇠약해지고 명命 앞에 무릎을 꿇게 되는 처연하고 나약해지는 게 인간 아닌가.

어쩌면 우리 인생도 강렬한 의지로 자유롭게 사랑하고 함께 불태웠던 삶의 노력 그 과정에서 어느 순간 좌절과 시련과 실의를 비켜가지 못하고 종국에는 운명도 사랑도 허물어지고 슬픔과 외로움, 그리고 고독만 남긴다.

만난을 극복하며 참으로 아름답게 살고 싶었다. 마음 안에 각인된 현존의 가치를 확장하며 세상을 이기며 나 스스로를 다스리고 싶었다. 그러나 어쩌랴, 주어진 삶을 극복하며 현재의 나를 추스리며 두 번째 시집을 상재한다. 너그럽게 보아 주시고 많은 격려를 바라는 마음이다.

2017년 여름

저자 천미川尾 현 형 수

차례

제2부 삶의 참모습

제3부 단풍에 취해 국화향 숨네

제 4 부 새벽으로 기우는 달

제5부 생애를 읽고 보다

제 1 부

언제나 내 안의 당신

언제나 내 안의 당신

이미 떠난 당신이
언제나 내 안에 있듯이

늘 투명한 길 걸으며
간간이 짧은 말에 익살의 그 웃음
지금도 잊지 못해
그 시절의 추억들
들었다 놓았다 하며
아직도 받아들이지 못해 쩔쩔매는데
선명한 한세상
어느 순간 훅 날아간 순간
나는 바보처럼 사네
언제나 서로를 지키는
굳건한 사랑처럼
우리에게 닿은 지순한 한세상
확대 재생하며 사네

처음 만남처럼
이미 떠난 당신이 내 안에 살듯이

화안꽃

화려하고 수줍게
매화도 피고 산수화도 피고
외로움과 설움을 멀리하고
꽃으로 피어나는 시절
힘든 겨울 조금 참았으면
홍매화 피었다지는 모습 말고
고통 속 인간애 피는 가장 멋진 꽃 보련만
사랑이여
꿈꾸는 파아랑 미래처럼
어느 무렵인가 그 풍경
머릿속에 고스란히 남아있는데

언제 어디서나 환한 이미지 이미
캄캄한 어둠 그곳 벗어났을까
눈물겹도록 황홀함보다
고매한 정신과 기개로
흥에 겨워 노래 부르고 춤추며
빨간 피꽃 빨아가는
흡혈귀가 우글거리는
캄캄한 터널 같은 곳 벗어나
봄이면 만상을 비추이는 산자의 웃음처럼 화안꽃
어디 그 꽃만 하겠습니까

*화안(花顔) : 아름다운 얼굴, 꽃 같은 얼굴

추억 한 소절

내가 미처 의식하지 못한 사연
더욱 안 좋은 몸
겨우 이끌고 간신히 여행했던
필시 아름답던
추억 한 소절

못내 아쉬움 달래며
맛보았던 별미의 음식
비슷한 맛이라도 정붙이로
함께 다녔던 곳 사진 들춰보며

소싯적 고향맛 떠올리며
기막힌 빛깔로 다시 태어난
자리회(자돔)에 보리밥 한 덩어리
된장 한 접시 고추 한 개
그녀와 화안한 미소로 함께
먹던 그 시절

사랑을 호호 불며
일미가 되던 그 시절

떠나야할 길

좋은 곳으로 떠나세요
마음에 안 들거든
그 옆 피해 오롯이
자유롭고 편한 저 먼 섬
저 높은 푸른 하늘 한점
맞닿은 바다로

그대
가느다란 환한 손 내밀어
나를 부르세요
모든 것 잊고
아무런 염려도 후회도 없이 떠날게요

결코 그대 손 놓지 말고
좀은 외롭고 심심하거든

언제든지 찾아갈 수 있는
환한 꽃잎 꽃보라 한창인 그곳에서
그대 잃고 여위어가는
나를 부르세요

흡혈귀吸血鬼

손등 파란 줄기 죽기 살기로 찾으며
흡혈귀는 여기저기 요로를 파헤친다
아무리 찾아도 숨바꼭질로 숨은
파란 핏줄기

어쩌다 뽑히는 붉은 피
손등이 붓고 팔이 저리고 시려
통증으로 사색이 되는데

검사란 미명 아래
몇 대롱씩 뽑아가는 저- 피
아무리 거부하고 애원해도
소용없는 잔인한 채혈
거머리 같은 흡혈귀

종일 가슴을 조여오는
이- 무섬승

돌담집

소슬한 바람무리
종일 억새 흔들고
가을걷이가 그립던 늦가을
옹기종기 모인 바닷가 돌담집
세상 지탱할 무한의 무게로
푸른 산도 더욱 골이 깊이
고단하던 한해도
일몰의 발자국 찍어보네

유년의 동산의 꽃무지개잡이처럼
풍경 맑고 더욱 청명한 날
모질고 억센 겨울바람 이겨내며
수세기를 함께한
아늑한 청태낀 돌담길

넓은 한바다 아름드리 품은 뜻
서로의 부재를 아쉬워하며
회한이 가득한 이곳
오늘의 화두 하나 짐지고
걸어보는 착한 하루

물억새의 가을

그 언젠가 추억이 꽂진 자리
첫가을 양강의 길 위에
사철이 녹음이듯
물억새들의
풍경으로 오는 몸짓들 보며

여린 햇살 한 줄기
꿈길에 어리우듯
촌각의 시각 그 강변에
어울리듯 무지개 한 쌍
신기루로 가고

하늘의 시샘이듯
다만 저문 황혼길을
호올로 걸어가는 내가
문득 나를 돌아보며
이승의 나이를 셈해 보며
가슴앓이로 오는 날

바람 끝 향기

지나가는 바람 잡으러
물비를 젖히고
햇빛도 정겹게 손 내미는 오전

살포시 스쳐가는
현란한 빛
은은한 아카시아 향기 같아
중앙에서 열심히 잡으려다
그 길에 그만 떨어뜨린 정신

완성되기 전의 불안일까
왼종일 수직을 건너던 하루도
어느덧 녹초가 되었네
술 먹고 불콰하게 취한
꽃그늘 아릿한 이 하루

난쟁이 소나무

창밖 앞 소나무 한 그루
하늘 향해 부릅뜬
뾰족한 솔잎들
그 강인한 위용으로
우리 민족과 닮은꼴의 나무
장승처럼 우뚝 솟은 몸매
황금빛 햇살로 물들었네

끈질긴 자생력으로
척박한 어느 땅 어느 곳에서도
반만년을 지켜온 역사로
백의민족의 자존심인
지금 삼십년 지기의 나이테로
감내하지 못할 공해와
황사에도 아랑곳없이
기세등등이
노을의 심장을 붙들고 있네

바닷가

오늘도 잔잔한 파도가
차례로 밀려오는 이 아침
풍성한 햇빛 한 아름으로
먼 바다를 향하여
물길이 제 몸을 헹구며
추억은 신나게 달려가는데
끊임없이 밀려오는 파도들 사이
우뚝 솟은 등탑
큰 바위의 강태공들
하루해 아쉬운듯 무심에 잠겨
담론의 시절들로
무등 태우는데
파도는 쑥맥처럼
피안에서
세상소리 먼저 읽고
키득이는데
아직도 물길을 잡지못한 돛선 하나
완강한 한바다를 껴안고 있는
서귀포 앞바다 부근

죽음 앞에

부양 받고도
지병에 찌들어진 한세상
언젠가는 떠나게 되는 인생
무지의 세계 요령껏
남은 삶에 비위 맞추며

마음 괴로움에 더욱 슬퍼
아직도 긴요하게
정체모를 마지막 업보와 씨름하며
살아남은 자의 서러움
결코 피할 수 없어
오오 모골이 송연한
이 비통함

인생 끝자락
천길 낭떠러지에
이름 모를 공포로
홀로이 서있는 산자의 억울함

삶의 기념

사진 한 장에
덕담 건네고

사진 한 장에
정붙이로 그윽하고

사진 한 장에
너와 내가 울고 웃고

그래도 사진 한 장에
늘 나란히로 있고 싶어
렌즈에 초점 맞추며
하나 되는 마음

누군가 하나가 될 때까지
간직하고 싶은 사진 하나가

행복 한아름

작은 하루가 생명줄이 되어
나누는 이 아침
늦잠을 일으키며
조급한 마음으로
일상의 채비를 마치고
정류장으로 달려갔네

약속 늦을까 초조한 마음
황급히 차에 올랐을 때
넉넉하고 자상한 웃음으로 반겨주던
기사의 친절한 한마디의 말
순간 암담하던 마음 눈처럼 녹아
축복처럼 양지가 되는 날

바람의 눈길처럼
그림자를 두고 떠나는
약속 시간
지금 푸른 신호등을 통과 중이다

홀로인 소나무

마을 우거진 숲이나
마당귀 타는 복사꽃 한아름처럼
집뜰 바람막이로 나란히로 선
사랑받는 아름다운 풍채의 멋
하지만 황야의 들판 외진 곳이나
사막처럼 아득한 지평선
오뚝이처럼 홀로선
당당한 나무 한 그루

칼바람 눈보라 속에 홀로 서있거나
잔인한 땡볕에 목말라
휠대로 휜 그 나무가
더욱 거룩하게 보이는 이유는

우리들 빈마음의 고통과 인내로
극복한 연륜과 균형으로 유지한 뚝심
한시절의 우화처럼
나를 이기고
거룩하게 웅비하는
한세월을 무찌른 당당한 기상처럼

달빛 아래의 평등

나의 의지와 무관하게 다른 성격
또 다른 외모로 어느덧 타인처럼
그가 보고 느낀 것
사랑스런 얼굴 돌보며 함께하며
슬퍼하고 분노하는 감정에 전도되어
낯설은 일상을 새로이 경험하네
중환자실의 알뜰한 보살핌도 다른 시선으로
세상을 보듯 문득 현재를 깨닫는 낯선 순간
공감의 절대적인 시선으로
자연스럽게 받아들이는 그 얼굴
아름답고 정겨운 그 목소리로
"꼭 옵서예" 내 손을 잡았네
차가운 보름달이 온 세상을 만지는 밤
"꼭 올께요, 이 고비만 잘 넘깁시다" 위로하며
울컥이는 가슴으로 한없이 울었네
참담한 심정의 차마 발이 떨어지지 않는
지구의 밤은 그렇게 깊어가는데
비통한 심정으로
전율로 오는 이 밤을 헤아리다

젊음의 묘약

웃음이 그립습니다
젊음의 묘약 그 웃음이

그대는 싸늘한 가슴 눈과 같고
벌써 얼음 같은 비관 눈에 얼비쳐
언제나 그 희망의 물결
결코 잡으려 않으니
내 심정 억장으로 무너지는데

그대 입꼬리 살짝 올려 보세요
화가 나고 우울할 때 말이지요
한번 웃으면 또 한번 젊어지고
두번 웃으면 남을 배려하는 헌사
하늘같은 평화지요

스스로 걸어온 지난날 운명이라 생각하면
이쯤서 젊음도 아름드리 함께 합니다
지금은 웃음이 묘약입니다

제 2 부

삶의 참모습

삶의 참모습

정성스레 머리를 가다듬는
소박하고 참한 모습
말뿐인 정情 아님을 미소로 화답하듯
정겨운 말 한마디가
아름다움을 더욱 챙기네
늘 활날하게 요령껏 분위기를 주도하는 것도
잠깐 반갑다가도 어색한 껄끄러움에도
황당하였네
힘겨운 맞벌이 쉽지 않은 일상도
까마득한 수다 지나온 눈빛에서
더욱 맑게 빛나던 결과
우환으로 힘이 버거운 긴장 산처럼 쌓여도
그대 수다 한판으로 훌훌 털었네
둘 사이 넘나들며 여울처럼 꽃진 자리
애정 어린 사랑으로 껴안고
한세상 즐거웠던 그 행복
이제 가고 없는 공허한 날
환청으로 듣는 그대 웃음 곁에
아직 그 옛날의 내가 함께 사네

환상의 바닷길

잔뜩 찌푸린 하늘
가늘게 나직하게 시작한 비

빗속 걷는 동안
부지런히
피안에 닿던 그 비
올레길 그 바닷가의 추억

젖은 몸 말랐을까
하늘도 맑게 개어
수평선으로 닿던
꽃무지개 선명한 시각

동화속의 얘기
도란도란 들려주는
파도소리 곁으로 닿던
한 사랑의 밀어 같이
언제나 고통을 견디면
꽃으로 피듯이

새벽녘 풀벌레소리

한밤 길섶의
풀벌레소리
고요한 밤의 만상
시작의 끝처럼 진솔한데

삶의 허영 깨닫고
오늘의 허명으로
혼탁해진 몸
머나먼 미로를 건너온 전언처럼

이 밤
작정하고 속셈을 털어놓는
풀벌레소리

순간을 놓치고 마는가
만물이 하나요
하나가 만물의 일부인 것을

촛불축제

어둠 밝히고
더 나은 자유 평등 수호하며
갈망과 분노와 함성으로
허위나 위선을 벗어나
스스로를 치유하는 날

하나의 마음으로
모두의 뜻과 의지로
이념과 사상을 물리치며
서로의 울타리가 되어
분출한 열정과 분노

정도政道의 길과 소통을 위한
모두의 축제
그 둘레 안에서 발현하는
오오, 민주여

저 격렬한 아우성 안으로
민주를 갈망하며
미래의 희망으로
꽃으로 피는 불꽃 불꽃들의 행렬들

머리카락 한줌

낙엽처럼 우수수 떨어지는 머리카락
병든 육신 부여잡고 울부짖는 그대

깊은 산 상황버섯
기이한 산천을 찾아다니며 채집한
온갖 명약과
정신 깃든 소망과 함께 우려낸
신약도 효험이 없어
이 밤을 울부짖는 그대여

머리카락 한줌 쥐어뜯고
먼 산 바라보기로
하루해를 보내는 그 심경
너무나 애잔해 억장이 무너지는데
이 하루도 모진 고통으로 넘긴
그대가 너무나 안타깝고도 대견해

신神과 하늘 우러르며
애소에 꽃불 켜는 밤

사랑이야기

산계곡 오르다 보면
인고의 세월을
하늘을 떠받치고
다른 나무의 심장을 품고
서로를 부축하며
하나가 되는
연리지를 보네

무수한 낮과 밤
세월 공유하며
높고 넓은 바위의 그늘에서
천년의 지조를 새기며
닮은꼴로 혼연의 일체가 된
순도 높은 사랑의 밀어로
하루를 천년같이 사는
옹골찬 연리지를 보네

천길 낭떠러지에서도
완강히 서로를 몸 기대며
애끓는 저- 피 어쩌나

생강나무꽃

순간의 기적에도
잠시 나와 만날 수 없는
자연의 참한 진실 앞에
발걸음도 늦춘 그 모습
산소 같은 봄 양지에서
꽃잎새 나란히 나란히로
그 얼굴 내밀히 꽃웃음 건네듯
쫓기어가는 걸을 걸음

함께 만난 풍경들
몸과 마음과 함께한 날들 지우며
이젠 나답게
맹세로 앞서 걷는 날
그 촌음의 시각에
우리를 비롯한 한생애
비로소 생강나무 꽃향기에
비워지는 정갈한 물음 하나
오늘도 나를 이끌고

24시를 힘겹게 걸어가네

섬, 올레길

비켜라 세월아
누가 돌을 던지랴

오롯이 눈길 끄는
하늘 아래 첫 비경
천길 낭떠러지 맞닿은 물빛 사이로
힘차게 나래짓하는 바닷새들
새록새록 햇살 환하게 일렁이는
하루방의 제주
새 생명 잉태한
뭇자연들이 제 갈 길로
신비의 물길 열어
차마 닿을 수 없는 그곳
오늘 처음의 길이 잉태한 그곳

세월아 내 가는 길
감히 누가 막느뇨

몇개의 가능성을 고문하며
임자 없는 그 길을
오늘 나 홀로이 건네

중환자실

하늘 아래 이런 곳 있던가
한편으로 비켜선 언어들과
왠지 현재의 몰골이 부끄러워
차마 여윈 숨소리도 삭이며

황금도 먹거리도 불편한 자리
늘 입던 옷 먹던 먹거리 잠자리도
평생 해온 일 말고
모두가 그곳은 불편하고 낯설었네

말뚝에 매인 마소처럼
인간도 그 고삐에 묶여
옴짝달싹 못하고 짐승처럼
길들여지며 마지못해 사는
억울한 이승이었네

벗

속 터놓고
정신까지 내놓고
그 앞에
간절한 마음 마주하며
내 속에 왔다가
네 속까지 가늠하며

서로의 안에서
둥지를 틀며
다만 바라보아도
거울 같이 보이던 속마음

언제나 우리를 지탱해 주던
한 생애 울울창창하던
그 푸르름같이

몰래카메라

어둠이 칙칙한
도심의 번화가의 밤과 낮
어김없이 갓길마다
숨겨진 몰래카메라

보도마다 뒷길마다
가로수의 숲길에도 골목에도
은밀히 감추어둔 몰래카메라

나를 들키지 않으리
현재를 숨바꼭질해 보지만
구석구석 요소마다
나를 따라다니는
괘씸한 몰래카메라

은밀한 얘기도 낭만도
너와 나의 추억도 간직할 수 없는
삭막한 이 세상이 참으로 무서워

함께한 사랑 찾겠네

이 한 목숨같이
함께한 잊지 못할 사랑 하나

맑고 유려한 그 흔적
차마 지울 수 없이
화인으로 남겨두고 간 이승

오늘도 천근의 무게로 오는
그리움

이 한 목숨
백년을 뛰다 쓰러지고
해골처럼 여위어
이승의 한점 이슬로 사라진다 해도

소중한 그 사람 찾아
이 지구 끝까지 헤매어야겠네

가을로 가는 길

모두가 떠나는구나
하나의 허구처럼 망령처럼
세상의 굴레에서 벗어나
저 낙엽의 가을처럼

하나의 몸짓으로
마치 어느 세월 어느 곳에
든든한 믿음이 하나 있듯이

우연이 아닌 운명의 선택이나
하나의 필연의 순리처럼
모두가 떠나는구나

새로이 발효하는
아픔처럼
주연과 조연의 몸짓으로
모두가 멀어지는구나

착한 딸의 절규

너무 힘들기에
말 잘 듣는 자녀도
자식 색깔 있어
오로지 자기 목소리 낼 수 있어야지

착함의 덫에 걸리면
반항보다 더 힘들다는 사실
무한의 압박감으로 오지
인내하며 얼룩진 고통 참다 못해
어느 날 통절한 공허로 오는 울음보

'긴 병에 효자 없다던가'

엄마는 그 소리 뒤꼍에서
오늘도
자신의 처지도 잊고
통곡으로 절규하는
푸른 창에 별들 총총히 뜨는 밤

언제나 함께 살으리

충혈된 눈에 잔뜩 상기된 얼굴로
늘상 심경 터뜨린 분노 같은 울음
손수건으로 입을 막고
아무 말도 하지 않았네

사는 동안
살아가는 동안
참사랑의 애정 한소끔
마음 안에 꽃으로 피는
인생여로처럼 더욱 간곡한데

그대 밤하늘의
빛나는 별처럼
오작교의 꽃으로 남아
세세연연 피거라

당신은 아예 나를 모른다 해도
나는 당신의 영원한
견우로 남으리라

가는 해 오는 해 · 1

이미 넘긴 해는 짧고
오는 해는 더디네
새해와 묵은해 사이
보름간은
귀신도 아예 손을 못써
마음가는 대로 이사하고
궂은일도 들러리를 서며
집도 곳간도 뜻대로 헐고 고치며
한해의 새로운 목록도
제멋대로 간추리며
누군가의 마음 안으로
건너가 숨어도
아무 탈 없는 여분의 날들
새해와 묵은해 사이
보름간은

제 3 부

단풍에 취해 국화향 숨네

단풍에 취해 국화향 숨네

빨강 파랑 노랑 물감의
가을햇살 성큼
바람과 서리 찬 기운이 꽉찬 밤
붉고 노랗게 물든 단풍잎
국화향 즐거움에
산능선길
하얀 길 걷고 또 걷네
가을햇살에
뚝뚝 떨어지는 투명한 물감처럼
그 풍경 사이로 잔도 헤치며
고요로 내가 가네

서리마저 차가운 그 길
빈 가지의 엉성한 나무들의 가을처럼
물빛 비친 단풍들의 그림자 안고
그대 국화향처럼 숨은 그곳 찾아
오늘도 내가 가네

화순, 적벽

망향정과 망미정 품은
호수 한가운데
우뚝 서 있는 착각으로 오는
착시현상
화순 적벽 뒤 넓은 잔디밭에
풀어놓은 사람

노루목 적벽에
눈앞에 펼쳐진 산
'산은 물을 만나 활기차고
물은 산을 만나 매혹적'이라고

앞산 가득한 산기슭의 운무
각양각색의 자연 옷으로 치장한
나무들 숲들
맑고 투명한 경이
한 계절을 지나며 옮기며
화순, 적벽이
날이 날마다 화제가 되는 그곳

여름 숲정

마슬에서 가꿨다는
그 작은 숲
짧은 숲길 연초록의 물보라
금세 마음 안이 아릿한
초여름이 소소한 아름다움으로
숲길 곳곳이 생기 돋는 날

잠깐 벤치에 앉아
쫓기듯 살아온 인생
팍팍한 일상 내려놓고
하릴없는 길손처럼 뒤돌아보네

어느덧 아슬한 기억 속으로 오는
명상 하나
슬기롭게 붙잡고
외로움 달래는 삼복 무렵

추억 찾아보기

새봄이 오면 말이지
추억길 찾아보기로 했는데

꽃도 피기 전
이승을 하직한 사람

심심한 이 하루
산행을 나서 보지만
이미 기력도 쇠잔한데

아슬아슬하게 맞출 시간도
수면시간도 눈치 안 보여
나 홀로란 생각에
먹는 것 입는 것 나를 챙기는 것도
신경 안 쓰여
세상사는 요령도 잊어버린 지금

새봄이 오면 말이지
추억길 찾아보기로 했는데

가늠할 수 없는 사랑

언제나
손바닥만한
공간에서 함께한
끝없는 물음과
소소한 삶도
혼신의 마음으로
꿈을 키우듯 우리들의 삶

내가 머물던 그 길에서
그대 떠올리는 생각 안에
언제나 네가 먼저 보여
마음 울적한데
스스로 생각을 지우며
새로운 하루의 고뇌로
인연을 생각하며
저물도록 마음 아린 날

오늘도
창밖에는 꽃불들이
늦은 아침을 옮기고 있다

가는 해 오는 해 · 2

서산에 접은 해
머나먼 불빛의 이정표의 곳
한해를 마감하는 용트림의 겨울 바다

가고오는 간격은
마음 속 시간으로 맞이하고
찾아간 산 앞
그리고 어둠의 적막 속
해변의 산등성이
저 멀리 맞닿은 수평선

내일이면 새해의
불의 불덩이
산과 바다
도심의 중심에서
촛불로 촛불로 맞이하는
저 함성처럼
거룩한 잉태로 소생하겠네

홀로이 한술

식탁 두 개에 빈자리 하나
세상에 혼자인 내가
참으로 애틋한 내가
군더기 없이 홀로이 마주한 식탁

그가 떠난 후
서럽게 서럽게
심장을 관통하는 이 외로움
스스로 돈 내고 식탁 위의
위스키 한잔 하며
하루를 건네 본다

아파트 앞의 노랑 단풍들 뒹굴고
꼭 딴 세상 같은 소풍으로
발걸음 흐느적거리며 오는
유령같은 밤

심심한 식탁에
꿈길에도 닿을 수 없는 그가
간절한 눈물 하나 떨구고 있는
그림자로 있는 밤

해녀

억겁의 바다는
서로 닮은 착한 사람들 곁에
물비늘 가득한 그곳에서
창세기 이전의
숨비소리로 있었다
어머니 그리고 그 윗대
어머니가 내뿜던 소리
잔잔한 물결로 어울려
바다의 숲길을 사냥하며
오늘도
이어도 싸나 이어도 싸나
키득키득한 웃음소리로
바다의 숲길 잠수하며
미로를 찾아가는
전생의 인연처럼

현실과 이상 사이

분주한 삶 속의 어울림
그로인해 파생되는
감정의 괴리감
내면과 자아
찾아가는 과정
찬찬히 응시하다 보면

온갖 공상과 망상
허상으로 오는 날

나를 지키려
나를 일으키려
온전히 바로 세우려
마음 안의 무수한 파도로
극렬히 통증을 앓는 날

묘지

나지막한 바위 언덕
화사한 노오란 꽃 보며
돌아가는 석양길

꽃무리 사이로
쉬엄쉬엄 가다가
조금은 비탈진 경사지
아지랑이 피어오르는 골짝
따스한 햇볕 사이로
여울물 자리한 옆
토실한 나무들 곁에
돌베개 베고 누워
아직도 못다한 이승의 발자취
뒤돌아보며

가끔은 나와 함께한
한시절 오롯이 가꾸며
잠들고 있겠네

봄꽃

잎보다 서둘러 먼저 핀 꽃
봄의 전령사
묵은 가지 뚝뚝 떨어뜨리고
어느새 언 땅 딛고 우뚝
올라선 꽃

바삐 나오느라
미처 챙기지 못한
화장끼 없는 모습
오늘도 내일도 다른 모습으로
제가끔 분주한데

먼 날의 얘기들과
오늘도 공평하게
생기 돋는 우리들의 삶
윤곽조차 희미한
기억속의 잠처럼
꽃대궁 하나 쑤욱 올려놓고
화안한 웃음 머금고 있는 나의 뜰

영혼靈魂

푸르게 푸르게 빛날 때
그 중에서 더욱 푸른 별 하나 지녔다가
먼 데서 온 꿈과 혼연일체의
정신으로 도란거릴 때
어느덧 흰 가운 입은 흡혈귀
그 앞에 섰네

영혼은 외롭다 몽환으로 가고
뭇벌레에 시든 과일처럼
쭈그러진 황당한 껍질의 살肉
메말라버린 그 목소리에
더욱 울컥이는 가슴

오오래 머문 사랑 안으로 환각처럼
떨어져버린 여린 꽃잎
통렬한 그리움
오늘도 흡혈귀 앞에
고요로 사위다

산사 가는 길

심기 불편한 사유들을 거느리고
산사 찾아가는 길
사소한 고통과 인내도
훌훌 털어버리고
비구름 가랑비에 잔뜩 찌푸린
이슬비 벗 삼아 나지막한 산
서남쪽 솔나무 몇 그루 점잖게 어울린 곳

오늘도 오만가지 생각으로
나그네들 친견하며
개별적으로 어울린
자연들과 순응하며
용광로의 불처럼
느릿느릿하게 일어서는
경전의 물음에
깨달음 하나로
화답하고 있었나

미래 위한 사랑

처음의 시작처럼
새로운 날 어디 없을까

미래를 입력해도
도무지
어림짐작도 못할 날들

도화지에 물감을 칠해
더욱 새로워지고
전혀 기약할 수 없는 날들이
슬기로운 시간이 되듯이

현실은 가고
과거도 망령처럼
잊혀지는

이를테면
모든 것을 백지에서
그릴 수 있는

처음의 시작처럼
다시 출발할 수 없을까

이루지 못한 소풍

비록 가난하지만
살갑고 심성이 착하고 올곧은 사람
어느 날 아무 도움이 안 되는 자신 탓하며
외진 구석 한 자리에서 고통 숨기며
홀로이 눈물 삭이던 그녀

일부러 환한 얼굴로 눈물 닦아수며
병원 출입 덜게 되면
지상에서 가장 멋진 소풍 가자며
정갈한 말로 다짐하던 그 약속

이제 덧없는 허무로
가슴 안에 하염없는 눈물로 오는데
그대 아주 사소한 그리움도
왼통 한밤의 비통한 눈물이 되는
이 한밤

내일의 삶

아이들은 자라고
자라서 어른이 되어서야
비로소 습득하는 인생길

배우며 경험하며
자신의 전부를 던져야

비로소 보이는
뿌리의 삶

초점 흐린 눈으로
세상을 다시 또 보고

오늘로 하나의 여유를 예비하며
피붙이 살붙이들의 숨결까지
챙겨가며 하루를 소일해도

내 나이만큼 자란
우둔한 나를 스스로 볼 수 없듯이

제 4 부

새벽으로 기우는 달

새벽으로 기우는 달

오늘도 그곳에 있는 달
곁에서 뚫어져라 보고 있었다
서쪽으로 지구가 꼭짓점을 비튼 순간에도
달이 진 후에도 그곳에 머물고 있었다
지구가 서쪽 기울기로
중심을 옮긴 줄도 모르고
몸의 피가 서서히 타들어가는 동안
지구가 한 바퀴 돌고 또 멈추고
틈사이로 보름달이 비춰주는
마지막 순간에도
파리한 핏기 없는 얼굴은
참으로 고요로 평화로운데
가령 눈도 닿지 않는
머나먼 곳에서
차마 어쩔 수 없이 가만히 있는
모두를 비운 그대를 보며
다만 어리석게 울먹이고 있었는데
보름달은 서쪽으로 자꾸만 기울며
그대를 서서히 당기고 있었는데

바람은 꺼져도

어디로 어떻게
달아나야할지
염려도 고민도 모르는
젊은 아빠가
아이에게 한 희망을 건네주며

옆자리의 엄마는
일상의 공간 지켜야할
가치 위해 기꺼이 나선 이들과
한세상 즐겁게 걷기로 했네

비장하지도 결코 억울하지도 않은
가슴 뭉클한 강력한 연대
그 힘에 기생하던
온갖 상처도 마음 치유하며
그 착한 바이러스 빠르게 빠르게
온 세상을 점령해 가네

강변의 꽃향기

키 작은 나무들과 잡초에 묻혀
도무지 즐기고 싶지 않은
동산의 길섶꽃
늦게 핀 달맞이꽃
아무도 모르게
꽃잎을 일으키며
홀로이 미소를 짓네

비수리꽃 활짝 핀 분홍
오묘한 향기로 유혹하는데
그 향기 마다하고
한 새벽 쓸쓸히 고개 숙인
풀꽃들이 애처로워
서늘한 바람무리 동무하며
함께 나부끼는 강변의 길섶길

새들 목덜미 간지럽게
깃털 세우고
둑방을 향해
그림자처럼 서는 일몰

고소한 풍경

얼마나 기다리고 다짐했던가
일박이일
여행 체감 더욱 밀도 높이고
물리적 영혼의 시각
훌쩍 넘긴 한 시간 남짓
참으로 오붓해

언젠가 해오름 찻집에서
한나절 즐기던 바닷가의 산책
소싯적 이후 얼마만인가
제주 돌담 앞바다 더욱 정겨워
마을을 한 바퀴 돌고 도네

서로의 깊이로 단장하던
우리 삶의 현장
오늘쯤 그대 어깨 너머로
파도로 씻겨나기도
그 시간 그 추억 잊혀질까
그 옛날 함께 거닐던
하루방이 시샘하며 지켜보던 그 돌담길

오늘 이 하루

오늘도 여유만만히
바퀴를 돌린다
지구의 자전을 굴리듯

육탄전도 마다 않고
하루를 지낸 전장터의
흥건한 땀

해그림자 풀어져
나를 앞서 걷는데

어디선가
또 누군가
이승을 하직하는 소리들
시린 뼈마디가 아리는구나

오늘도 어쩌면
치사량의 공해와 황사를 마시고
날카로운 맹수소리로
귀가한다

촛불 민심

삶의 질곡의 한 조각들
무수한 은하수로 밀물져
하늘로 하늘로 오르는
민의의 아우성이여
너와 나 우리의 혼연일체로
갈망과 분노와 소망 담은
감동 같은 연민으로
하나 되는 마음으로 모인 광장

남녀도 나이도 계층도 초월하여
하나 되는
오오, 민심이 천심이 되는
꼭두새벽까지의 이 함성
달무리 별무리 견인하며
하늘로 하늘로 승천하는
오오, 민주의 촛불이여

고향 천미川尾

비 내리는 새벽길
가벼운 발걸음으로
첫발 추슬러 내디딘 천미
푸르름의 샘물처럼 솟는 하천은
고요의 바다로 흐르고
해조음 따라 목을 내민 봄기운
생기 돋는 혈관의 산소들
마음 안의 화평으로 오는데

갯가의 갖가지 해조류들
햇살 반기는 날
어선 하나 무한의 세월처럼
바다로 신나게 달리는데
갯가 샘터 물에
하늘 한 자락 목을 축이며
멱을 감는 내 고향 천미의
감미로운 봄

울지 말고 웃어요

가까운 곳에서도
잘 보이지 않아요
울지 마세요 부디
그 고운 웃음 차마 버리기 아까워

다시 흘러간 세월 되오지 않지만
그 울음 보면
영영 잃어버린 한세상 되지요
그 어려운 시련도 고통도 극복해 왔는데
서로 마주보며 울다니요

당신 온전한 정신 속
지금도 유효한 우리 사랑
등불의 심지같이 굳건하거늘
그 울음 내 안에 그늘로 깃들기 전에
지금 훌훌 털어버리세요

존재

가벼운 것은 공중에 뜬다
그리고 한순간
위치도 흔적도 없이
소멸된다

어느 한날
무심코 자연이
아무런 예고도 없이
우리들의 눈밖에서 사라지듯

이 세상에서
기억없이 사라지는것이
어디 한둘이랴

오늘을 붙잡고
내일을 부지런히 챙기며
스스로 한 희망을 일으길 때
비로소 보이는 미래

우리의 안에서 기생하는
무수한 생의 입자들
그 안에서 그대 닮은
꿈 하나 보듯이

별 지는 밤

별 하나가 지네
정유년 정월 보름 인시 일각
인연이 운명되어 일가를 이루어 살다
소우주의 별 하나 말없이 지는데

그렇게도 이승의 이별 아쉬워
수많은 고통으로 얼룩진
힘겨운 나날을 뒤로
순식간에 식은 몸 부여잡고
한밤을 새워 울었네

창가에서 서서히
유성으로 멀어지며
자꾸만 나를 부르듯 명멸하는데
온몸이 얼어붙어
앞뜰 뒤뜰 함께 보던 설중매꽃도 지고

수십 억겁 지기로 만난 인연
끝나는 0점의 시간
정유년 정월 보름 인시 일각

고통과 기쁨의 삶

오랜 삶의 고통이
언제나 통증으로 오는 건
낮과 밤이 제 할 일을
나누어 가지지 않는 것처럼
기쁨도 고통도 결코 나누어지지 않는 것
탁월한 실존적 상황에
괴로움이 덧나
투명한 불안정한 기대는
더할 수 없이 둔감하네

예감과 둔감 사이
이를테면
유일하게 현재를 방황하는 운명은
더욱 아름다운 미래를 찾아가는
하나의 과정일진대
그대 삶의 고통은
속앓이로 먼저 온다는 것
비로소 알아야 하네

외로움

인간의 인식
언젠가는 혼자일 수밖에 없는
하나뿐인 존재의 형태
무연한 자유로 오는 오늘은
왠지 더욱 쓸쓸하여
고독을 뛰어넘는 마음의 결속력
다짐해 보지만

너와 내가 있어야
비로소 하나의 소통으로 행복한 것처럼

외로움도 때로는 병이라
그대 없는 이 밤 창을 여니
홀로이 한 별 하나
새벽을 사위듯
아직도 수평으로 닿는
우리 시대의 저문 노을이 울고 있듯이

복권놀이

연대를 알 수 없는 부호들이
차례로 묶여
마치 자물쇠의 열쇠처럼
고문당하고 있다

영원한 비밀을 지키듯
결코 열어볼 수 없는
그때 그 시기의 시각
아직도 오리무중인데

호기심과 근심이 많은 사람들
하나의 축복을 기도하며
신주단지에 절하고
현재의 운세를 기리며
횡재한 꿈이야기로
오늘도 아우성이다

누군가 버리고 갔을까
무수한 아라비아 숫자들이 밟고간
이 시대의 허망과
처절한 분노들이
망령처럼 뒹굴고 있는
서면 오거리

바람의 방향

바다와 육지
산정 깊은 골짜기 사이로
서로 격려하며 이끌며 부는 바람
산은 물 넘지 못하고
물은 산을 건너지 못한다는
말 오래 전해 오듯이
무릇 새사람은
제 갈 길 재촉하며 다니고
서로가 가는 길 참견 않듯이
자연으로 형성되는 섭리
그 하나의 이치로
새와 물소리도 바람과 어울려
하나의 그 길에서
새로이 이룩되는
하나의 역사로 길이 빛나며
오늘의 임자로 있는 날

모진 사람

사랑도 그리움도
못다한 은혜도 남겨놓고 갔으니
모진 사람이요 당신은

애오라지 당찬 희망 접고
고통도 아픔도 남기고간 사람
필시 수수억겁의 인연으로 만나
이 한세상
빈 손으로 쌓은 사랑탑
아직도 선달 바람같이 몸살을 앓고 있듯이
나의 전부인 당신
눈물로 오는 나날들
당신의 참한 미소
내게는 고문 같은 이승살이

사랑도 그리움도
눈물도 남겨놓고 갔으니
모진 사람이요 당신은

사랑의 길

고소히 스며둔
아름다운 추억의 이야기
유리창 너머로 향 하나에
오롯이 묻혀있네

스산한 가을 하늘
역광으로 물든 노을
가슴 깊이 새겨진 사랑 하나
문신으로 남겨놓고 사라져
언제 어디서나
내 안을 알뜰히도 각인한 사람

그 사랑 차마 잊을 길 없어
기울기로 산기슭 노을을 걸어가는
그 모양새 참으로 잡을 수 없어
누군가 지구 밖에서
나를 계속 부르고 있듯이

제 5 부

생애를 읽고 보다

생애를 읽고 보다

인생 자리잡고 오순도순
작은 공간의 아들 딸
오롯이 종일 읽고 보며
꽃처럼 아름다웠던 시절

꿈 함께 키우며
고통도 그 어떤 인내도 극복하며
이미 처음의 출발을
가지런히 인식하며
키워온 꿈

어느덧
내가 보이고
나를 떠올려
그대가 보이니
짧은 길 안타까운 염려
어느덧 한 생애를 함께 했네

유체 이탈

육신은 불꽃으로 사라지고
혼백은 저승에 식구 하나
불리는 순간
기약 없는 이후의 순간
피붙이 살붙이들이
오열하는 순간

언젠가는 늙고 병들고 죽는 몸
그저 수명 감수하며
천수를 감사해야 할
인생무상의 순간

저리도 애절한 몸부림으로
이미 하늘 어디선가
이승의 모든 것을 초월한 영혼 하나
이미 한순간의 꿈이었을
신기루 같은 이 세상 굽어보고 있음이여

고독

비록 가난하지만
순정적이고 아주 자유롭게
운신할 수 있는
아름다운 아파트 숲속에 묻혀
근거리에서
외톨이 생활 가혹한 제약에도
절대로 사랑하며
자유로 간직하는 그대 생각에
삶이 전혀 두렵지 않네
언젠가 떠나는 인생
이승과 저승 사이에도
언제나 함께하는
서로의 믿음으로 이룩한
고매한 정신
더러는 못다한 이승의 덧셈처럼
더욱 면밀한 기억으로 증언하고 있으리

맞벌이 부부

퇴근길에 술이 거나하게 취한
아비의 고독한 뒷모습이 안쓰러워
딸년이 작정한듯
한마디 내뱉는다
"나쁜 친구들 어울려 다니지 말고
 건강 챙기시구요,
 아빠 술냄새가 싫어"

일터에서 돌아온 엄마
어질러진 집구석 보며
"치우는 사람 따로 있고
 어지르는 사람 따로 있어요"
늘 현실을 무시한 장밋빛 미래로 압박하던
잔소리들을 실어보내고

지금도
부모 자식간의 소통 이야기와
가족 간의 갈등 치유는
잠자리에까지 동행하는
현재진행형이다

우리는 하나

바람 부는 언덕 드넓은 들판
의지할 곳 없어 더욱 외로울 때
너와 나 하나로 호흡하며
긴장된 세상의 길 극복하며
물어 물어 함께한 이 세상

적당한 간격의 일상 보폭 맞추며
차례로 배웅하는 한시절도
어깨 나란히
서로의 은혜로 무수한 불편도
감내하며 맞잡은 손

그대 화안한 얼굴에
내 발걸음도 재촉하며
숨소리 늦게 오는
한세상의 그대 웃음을 묻네

복수꽃

비탈진 칠부 산능선
좀은 골 지고 평평한 곳
한참 서성이다 잎보다
먼저 핀 복수꽃 한 무리 보네

쭈글쭈글 노란꽃
모질게 서로 엉겨붙어
일가를 이루며
눈과 얼음 사이 안간힘 쓰며
이 세상의 진부한 사랑처럼
옹알이로 읊겨가는
쑥쑥 고개 내민
저- 꽃봉오리 좀 보게

온 비탈의 능선을 점령한
맨 처음의 오기처럼

서로의 하나

건강지킴이에
긴장을 놓지 않으면
자세도 돕고 시력도 돕네
가령 손을 비스듬히 걸쳐 놓으면
손목의 피로도 가시고
땀이 나도 잘 미끄러지지 않는
아랫부분의 부드러운 받침대
굳은살도 멍들지 않는데
검지부분의 심장 박동수
측정할 수 있는
태양빛 반사를 방지하고
눈의 피로도를 줄이며
자세도 온전히 돕는
건강지킴이 되네
언제나 긴장을 놓지 않으면
우리의 육신은
하나의 일체요
전부가 이루는
소수가 주체이듯
서로의 지킴이가 되네

780병동

핏줄이 멍들어 퍼렇게 상처 덧난 손등
차마 보지 못해
고통으로 얼룩진 앓는 소리
낮과 밤을 귀울림으로
환청으로 비명처럼 오는데
날마다 잦은 변명으로
채혈해 가는 저 피톨들
흡혈귀들이
내세의 자양분으로
자신들의 목숨인양
갖은 아양으로
한번만 오직 한번만 더
잔인하게 구걸하는
저 피 피들의 아우성
이 하루도
오직 눈물로 보채는 생명 한 옴큼

마지막 한마디의 말

모진 바람이 보채는 아침
정겹게 넌즈시 웃으며
던진 말 한마디 몇 시각 흘렀을까
"옵서예" 잠시 후 다시
"똑 옵서예" 얼마나 괴롭고 고통스러우면
늘 병상을 지키는 나에게
어린애처럼 이리도 맑게 보챌까
오늘도 그 어리광 푸념을 늘어놓았네

아침저녁 7시의 면회시간
그 속상한 가슴 누가 달래나
이 고비만 잘 넘기면
온전한 몸으로 쾌유할 것이라며
마음 다짐하며
하루가 십년같이 응어리로 오는데
"정겹게 똑 옵서예"
그 한마디의 말
유언이 될 줄이야
칼바람 비명처럼 서늘한 밤
비둘기 울음처럼 너울지는 통곡의 밤

이미 비운 방

세상사 외면한 듯
날이 날마다 밀려오는 의구심
한 세파 초월한 듯
달맞이 인근 언덕의 추억
부끄럽고 소심한
우리들의 애정도
이미 지난 추억이 되네

비상하는 물떼새들 사이로
남색바다가 용트림을 하며
헤엄쳐 오는데

오늘처럼 여유롭고 한가할 때
시원하고 깔끔하게 벌판 트이는
이지러진 모든 생각들
방 비우듯 버리면
허영과 집착 그리고
탐욕도 버려지는
그러한 날이었음 하네

섬, 풍경으로 오다

형언할 수 없는 색깔로 어울려
물결따라 어울리는 산호의 정원

동네 우물터같이 올망졸망한
혹은 작은 야시장같이
밤 깊어 하나 둘 등불이 꺼지고
뭍으로 올라와 산호시신 묻으며
해안선 길을 꼭두새벽같이 열어
밤해변 산책 자유로 누릴 때
외려 조용하고 그윽한
그 길따라 명상에 젖다 보면
어느덧 끝없는 모래사장
바다와 하늘과 맞닿은
가이없는 수평선의 꽃노을

임자 없는 섬처럼
오늘 그대 홀로이 떠나가네

먼 산 구름 언저리
멀어지는 구만리 장천
풍경으로 오는 섬 몇 개 흩어지다

마지막 웃음

생의 마무리 모습
과도한 치료 막고 더러는
생의 얽히고설킨 눈물이어도
집에서 마감하였음 하네

적절한 시간과 화해와 용서
일련의 소통 이야기와 어울려
긍정적 의미의
스스로의 나를 찾게될 때

비로소 보이는
무한의 아름다움과 여유
때와 시기를

통렬한 감성으로 열어보며
인연의 둘레에 모인 사람들에 둘러싸여
꿈속의 자유로
내세를 보았음 하네

무상처럼

그 뜨겁던 태양 앞에
녹음을 뽐내던 청정한 잎들 무리
찬바람 앞에 어느덧 낙엽 되어
처참한 몰골로 땅바닥에 뒹굴고
삶이 주던 모든 자연
하나하나 잊혀지듯
그 사이 흥망성쇠가 있듯
결코 영원은 없어
잠시 눈감고 한순간 깨어보니
이미 깨어진 꿈이었네
신기루 같은 해탈을 멀리하고
상승을 부채질하며
인생무상을 극복해야 할 우리
잠시의 혼돈을 뒤로
서녘 하늘로부터 달려온
처음의 별들처럼
오늘을 잊고
내일의 새로운 발아를
예비할 일이다

어떤 완성

모든 기회는
순간을 포착하는
예리한 순발력을 가진다

필요한 동력과 시간은
멀리 보는 슬기가
중심이 되지만
오로지 타이밍의 절묘한 시각은
앞서 보는 자만이 가질 수 있는
지혜이다

그대가 임자이듯
오늘도 모든 것은
기회를 가지기 위해
그대 곁에 머뭇거리고 있다

선택의 혜안은
멀리 보는 자만이 가질 수 있는
성공의 열쇠가 아닌가

고요로 지는 미소

사랑한다
감히 손으로 하트를 그려본다
세상의 빛과 희망을 모아
참으로 아슬히
잠깐 멈칫하는 생각에
더욱 정신을 되찾고
고요로 저무는 대기실에 앉아
인위적으로 조성된 물의 연못 소릴 듣는다

무한한 자연과
생사를 가늠할 병동에서
잠시의 평안과
생시의 몸과 마음의 치유를 기원하듯
나를 안심시키려 억지 웃음을
내내 물고 있던 그대
슬픈 그 미소 차마 못 잊어

물파장의 수많은 입자들
우리들의 한시절의 고통처럼
입 앙다물고
자정을 건너고 있는 780병동 부근

내일 걸을 길 남겨놓고

바람이 쓸고간 하얀 인도길
서로들의 목표와 약속들의
첫걸음이 놓이던 곳
일정하게 서있는 나무들
그 사이 사이로 뚜벅뚜벅
햇볕처럼 걸어갑니다

하지만 뭇생물과 더불어
하나의 일체로
한생애를 함께 호흡하며 살아온
동반자와 걷는 것만 하겠습니까

황량한 이 아침
우울 한아름 짐지고
뚜벅뚜벅 걸어가며
내일의 길을 조심스럽게 놓으며
언제 어느 곳이나
무연히 서있는 그대 그림자 보며
오늘도 뚜벅뚜벅 햇볕처럼 걸어갑니다

| 작품 해설 |

인간애적인 숭고한 사랑을 발현한 애정시편

– 현형수 시인의 시세계

시인 東川 崔昌道

인간애적인 숭고한 사랑을 발현한 애정시편

– 현형수 시인의 시세계 –

시인 東川 崔昌道

모든 문학작품들은 어떤 형태로든 순서와 과정과 결과를 가지나, 특히 시詩에서는 주지적 내용미를 형상화하는 관찰력과 경험 그리고 체험이 바탕이 된 시인의 정신이 여과 투영되어야만 생산적 가치의 높이와 깊이를 가지는 시로 자리매김한다고 보아진다. 하여 시를 곧 시인의 마음속 거울이라 일컫는다.

두 번째 시집을 상재하는 현형수 시인은 긍정적 삶의 모태 위에서 유가적인 뿌리의 깊이에서 오는 인문학人文學을 연구한 분으로 세상을 관조하는 탁월한 삶을 연관짓는 독창성을 가진 분이다.

여러 면모의 삶을 살며 교훈적 소산에서 오는 인성과 품성의 시들이 각기 다른 역할론으로 재생되고 있는 시인의 현재를 들여다보며 우선 표제가 된 시 「언제나 내 안의 당신」을 직시해 보자.

이미 떠난 당신이
언제나 내 안에 있듯이

늘 투명한 길 걸으며
간간이 짧은 말에 익살의 그 웃음

지금도 잊지 못해
그 시절의 추억들
들었다 놓았다 하며
아직도 받아들이지 못해 쩔쩔매는데
선명한 한세상
어느 순간 훅 날아간 순간
나는 바보처럼 사네
언제나 서로를 지키는
굳건한 사랑처럼
우리에게 닿은 지순한 한세상
확대 재생하며 사네

처음 만남처럼
이미 떠난 당신이 내 안에 살듯이

———「언제나 내 안의 당신」 전문

이 시는 평생을 함께한 내자內子와 사별한 시인의 한생애를 함축한 시로 추억 소묘와 인간애를 근거한 눈부신 부부애와 금슬과 사랑을 현재회귀형으로 응축한 시이다. 사별한 아내와의 정신적 사랑을 함께하고 있는 시인의 눈물겨운 회고적 사랑이 중심이 된 이 시는 감성이 우선되는 시의 표준이 제가끔 진실성reality을 더한 시어와 시행들이 우선 압권이다.

그리고 첫연 〈이미 떠난 당신이/ 언제나 내 안에 있듯이〉와 마지막 연의 〈처음 만남처럼/ 이미 떠난 당신이 내 안에 살듯이〉는 반복어 형식으로 이루어졌지만, 어쩌면 수미상관의 관계처럼 처음과 과거를 연결짓는 동기를 부여하는 뉘앙스nuance를 계속 갖게 함으로써 인간애와 부부간의 사랑에 대한 자생력도 가진다. 그리고 생애를 반추하는 여러 변별력이 한 시대와 세월을 연대하는 시간적 공유성을 가짐으로써 못 잊을 자취와 흔적을 남겨놓고

간 내자內子에 대한 절절한 그리움과 애착이 더욱 명료히 표징 되고 있어 매우 심플simple하다. 그리고 시적 화자를 풀어가는 시인의 시적 높이와 기교와 한생애와 한세상을 복원하는 직유와 간접화법이 하나의 휴머니즘humanism의 내용미를 함축하며 자연의 섭리와 윤회적인 내용미를 배경에 은연중 표식함으로써 발상과 구성적 효과도 함께 지니고 있다.

2연의 〈늘 투명한 길 걸으며〉 〈지금도 잊지 못해〉 〈아직도 받아들이지 못해 쩔쩔매는데〉 〈나는 바보처럼 사네〉 〈우리에게 닿은 지순한 한세상/ 확대 재생하며 사네〉는 과거와 현재 그리고 미래를 연관짓는 일련의 부부애로 인한 사랑을 의미적 운명론으로 승화시킨 시행으로, 현재의 삶의 주지를 현실적 생활에 대입시키며 사랑을 매개체로 초연한 시인의 감정과 감성을 자력으로 극복하며 영원주의로 마음 안에 각인시키겠다는 결연한 의지로 사랑을 승화시킨 수사와 묘사가 시의적절히 운용된 시로 평가하고 싶다.

화려하고 수줍게
매화도 피고 산수화도 피고
외로움과 설움을 멀리하고
꽃으로 피어나는 시절
힘든 겨울 조금 참았으면
홍매화 피었다지는 모습 말고
고통 속 인간애 피는 가장 멋진 꽃 보련만
사랑이여
꿈꾸는 파아랑 미래처럼
어느 무렵인가 그 풍경
머릿속에 고스란히 남아있는데

언제 어디서나 환한 이미지 이미

캄캄한 어둠 그곳 벗어났을까
눈물겹도록 황홀함보다
고매한 정신과 기개로
흥에 겨워 노래 부르고 춤추며
빨간 피꽃 빨아가는
흡혈귀가 우글거리는
캄캄한 터널 같은 곳 벗어나
봄이면 만상을 비추이는 산자의 웃음처럼 화안꽃
어디 그 꽃만 하겠습니까

———「화안꽃」 전문

시의 주제가 되는 「화안꽃」은 아름다움을 일깉는 주로 여성의 모습과 표정, 그리고 밝음과 맑음을 일컫는 말이다.

이 시는 계절을 도입하여 꽃과 추억의 한시절을 묘사하고 있으며 종국에는 병동에서 최후를 맞는 순간의 고통을, 그리고 현실의 최첨단 의료기술이 자부하는 이면에서 파생되는 치료와 시술을 위한 여러 부작용을 언급하고 있다.

경험적 직유시이면서도 어쩌한 상황 속에서 진작되는 여러 삶의 본질적 요소 안에서 생전의 아내를 생각하는 극진한 사랑과 그 사랑 안에 깃든 요소들을 꽃과 계절, 화안한 모습 등을 재생시키는 기법이 탁월하다. 전반부 후반부를 각 10행 남짓으로 나눈 이 시는 싱횡적 인식의 유효시기를 명징짓지 않고 현재진행형으로 도출함으로써 하나의 독백체 형태로 구성짓고 있다.

전반부는 회고적 삶의 전성기를, 그리고 후반부는 중환자실에서의 치료목적의 의료행위란 명목 아래 매일 채혈해 가는 과정을 흡혈귀라 명징짓고 〈봄이면 만상을 비추이는 산자의 웃음처럼 화안꽃/ 어디 그 꽃만 하겠습니까〉로 논리적인 비약으로 시를 마감하는 여유를 보인다. 동일성cicientity의 연계된 주제를 상상력을 복원하여 개연성을 가진 시로 안정감을 추구하는 명상적 순간에

초점을 맞추고 있다.

첫연에서 〈화려하고 수줍게/ 매화도 피고 산수화도 피고/ 외로움과 설움을 멀리하고/ 꽃으로 피어나는 시절〉에서 보듯 희망을 견인하듯 한시절의 촉매제로서 신선한 맑음과 참신함으로 시작한 이 시는, 군더더기가 전혀 없는 고요와 평화, 그리고 넉넉한 자유가 모티브motive가 되고 있다. 과거와 현재를 이분법화한 화자로 자신의 현재의 심경과 스스로를 통찰하려는 각고의 노력이 일미를 더한 감성적인 시로 성공하고 있다고 보여진다.

그 언젠가 추억이 꽃진 자리
첫가을 양강의 길 위에
사철이 녹음이듯
물억새들의
풍경으로 오는 몸짓들 보며

여린 햇살 한 줄기
꿈길에 어리우듯
촌각의 시각 그 강변에
어울리듯 무지개 한 쌍
신기루로 가고

하늘의 시샘이듯
다만 저문 황혼길을
호올로 걸어가는 내가
문득 나를 돌아보며
이승의 나이를 셈해 보며
가슴앓이로 오는 날

———「물억새의 가을」 전문

공감각적인 이미지를 시각적으로 표징한 의미적 요소와 회화적 요소를 두루 갖춘 시로 보인다. 3연이 각기 독립된 개체로 별리를 가진 단원으로 구성되어 우선 이 시의 맥락과 같이 동질성으로 호흡하고 있는 것이 참으로 눈부시다. 서정성의 본질을 과거의 추억과 현재와 미래를 도입하여 상징성의 변화를 준 것과, 현재의 자신을 돌아보며 세월 무상의 인식의 깊이를 더하는 이 시는, 자연을 시의 적절하게 접목함으로써 서정성lyricism의 앙상블을 이루고 있어 시너지synergy 효과도 함께하고 있다고 보여진다.

그리고 우리 인간의 한생애를 간접 수사함으로써 내용적 의미와 수사를 극대화한 이 시는 한 인연의 결과물인 처음의 인연과 과정, 그리고 쇠락의 길을 언급함으로써 자칫 감상주의로 흐를 시를 적절한 시어의 수사와 탁월한 묘사를 활용함으로써 결국 농행이란 우리 인간의 명제를 이끌어내고 있다.

2연 〈여린 햇살 한 줄기/ 꿈길에 어리우듯/ 촌각의 시각 그 강변에/ 어울리듯 무지개 한 쌍/ 신기루로 가고〉에서 보듯 시인의 완숙한 시의 기교와 폭넓은 이미지 창출에 감탄할 뿐이다. 이는 그리움과 절정의 사랑이 결실되고 무지개 한 쌍으로 비유되듯 부부의 연을 맺은 뒤 어느덧 서로 이별한 장면을 〈신기루로 가고〉로 언급한 시행은 참으로 빼어난 절구로 발군이다. 맑고 아름다운 이 시는 마치 스케치하듯 옮긴 자연과 숭고한 사랑의 발아로 결실과 이별을 함께 아우르고 있어 영상미까지 갖춘 가작으로 보인다. 거부감으로 오는 종결비를 "다"로 표징하지 않는 것도 시의 정통성인 뿌리 깊은 어떤 리듬과 여운의 부산물로 남겨두고 있어 교과서적인 완벽한 서정시로 성공하고 있다.

이 시가 성공할 수 있었던 것은 현재의 자신을 회고적 의미로 바라보는 동심의 근원인 신선한 비유와 참신성을 정감적으로 마무리한 것에 기인한다고 보아진다. 초월주의의 명상적인 시를 보듯 경쾌하고 내밀한 관계의 소재들을 일별하여 시의적절히 운용

한 것이 이 시를 성공적으로 이끈 것으로 보인다.

부양 받고도
지병에 찌들어진 한세상
언젠가는 떠나게 되는 인생
무지의 세계 요령껏
남은 삶에 비위 맞추며

마음 괴로움에 더욱 슬퍼
아직도 긴요하게
정체모를 마지막 업보와 씨름하며
살아남은 자의 서러움
결코 피할 수 없어
오오 모골이 송연한
이 비통함

인생 끝자락
천길 낭떠러지에
이름 모를 공포로
홀로이 서있는 산자의 억울함

——「죽음 앞에」 전문

주지하다시피 현형수 시인은 얼마 전 평생의 반려자인 아내와 사별한 바 있다. 뜻과 이상과 인연으로 만나 한세상의 만난을 극복하며 서로의 전부가 되었던 내자內子를 잃고 자신을 추스르는데 오랜 시간이 걸렸으리라. 시인은 세상을 보는 또 다른 눈을 가지게 된 것도 그의 문학적인 새로운 지평을 열어가는 한 세계가 된 것도 이와 결코 무관하지 않으리라 생각된다.

이 시는 독백체의 모놀로그monologue로 회자되고 있다. 아무리 깊고 튼실하고 유일하게 이룩된 사랑도 언젠가는 홀로이 되어 종국에는 그마저 세월의 윤회론으로 한줌의 이슬로 사라진다. 이는 영구불변의 태생적 섭리인 것이다. 잉태에서 탄생의 순간이 축복 받았다면 이후를 스스로 노력하며 개척해야 하는 인생길이 또한 만만치 않은 것이다. 종국에는 늙고 병들어 모두 자연으로 회귀하는 것이 인생사 아닌가. 3연으로 된 이 시는 한 인생을 절제와 압축으로 표현한 아포리즘aphorism의 시세계를 표출하고 있다.

허무주의로 출발하여 감정의 우월적인 존재를 말하는 주정적 사고를 대입한 시로 보인다. 1연의 〈무지의 세계 요령껏/ 남은 삶에 비워 맞추며〉, 2연 〈살아남은 자의 서러움/ 결코 피할 수 없어〉에서 보듯 결코 현실적인 외로움과 우울감, 그리고 고독감이 이 시의 전연을 지배하고 있음을 유의해야 할 것이다.

어쩌면 산자의 신앙적 근거가 되는 일련의 시어에서 결코 정답은 없는 것이다. 그 어떤 최악의 환경과 여건, 그리고 설움과 고독감 상실감을 극복하고 도생하는 방법은 각자의 정신과 마음 안에 상존하는 모범답안을 어떻게 유지 발현 개척하는 데 따라서 인생 후반부의 아름다움의 삶의 원천이 될 것이다.

3연 〈인생 끝자락/ 천길 낭떠러지에/ 이름 모를 공포로/ 홀로이 서있는 산자의 억울함〉. 원망과 한탄과 절규만으로 되오지 않는 삶. 그 해답을 우선 찾는 데서 우리는 유효한 삶의 가치적 존재를 아름답게 마무리할 것이다. 끝없는 메아리로 환유되는 인생의 중심길에서 인간의 삶, 즉 생生과 사死는 마음 안에 준비된 정신과 정서의 영역 안에서 더불어 사는 공존의 가치관을 지니고 있음은 분명한 일이 아닌가.

순간의 기적에도
잠시 나와 만날 수 없는

자연의 참한 진실 앞에
발걸음도 늦춘 그 모습
산소 같은 봄 양지에서
꽃잎새 나란히 나란히로
그 얼굴 내밀히 꽃웃음 건네듯
쫓기어가는 걸을 걸음

함께 만난 풍경들
몸과 마음과 함께한 날들 지우며
이젠 나답게
맹세로 앞서 걷는 날
그 촌음의 시각에
우리를 비롯한 한생애
비로소 생강나무 꽃향기에
비워지는 정갈한 물음 하나
오늘도 나를 이끌고

24시를 힘겹게 걸어가네

———「생강나무꽃」 전문

낙엽 활엽의 작은 교목인 생강나무는 다년생 식물로 약용으로 효험이 있으며, 음식의 조미료나 치료에도 각광을 받는 식품이다. 더구나 꽃의 향기는 독특한 개성을 지니고 있어 향신료로도 각광을 받고 있다. 여기서는 부부의 화합과 금슬, 그리고 함께하는 공감 등을 내면에 깔고 있는 시로 보면 되겠다. 보편적인 삶 이외에 부부만이 가지는 극명한 믿음과 신뢰와 전자에 언급한 여러 요소들을 간접 회자한 시이다.

주체를 이끌고 있는 화자는 언제나 어디서나 생애를 다할 때까지 함께하는 정신적 마음의 동행을 〈생강나무꽃으로〉 연계시키며 동류의식을 이끌고 있다. 시적 구성요소가 되는 내적 선율로 참신한 모티브motive를 재생시키는 응집력을 갖고 있는 이 시는 사랑의 원형의 본질을 잠재의식으로 계속 활용하고 있는 것이 특징성을 가진다. 현실적 한계를 무시하고 꿈꾸는 맑음의 마음 안에 간직된 부부애의 초심을 우회적으로 묘사한 이 시는 과거의 세월-함께한 공유-현재의 심경을 일체화함으로써 절정을 이끄는 심상으로 감동을 주고 있다.

1연의 〈꽃잎새 나란히 나란히로/ 그 얼굴 내밀히 꽃웃음 건네듯〉, 2연의 〈비로소 생강나무 꽃향기에/ 비워지는 정갈한 물음 하나〉에서 우리는 지금 순간 이 세상에서 제일 행복해 하는 원론적인 시인의 이유를 어느 정도 유추했으리라 믿는다.

그리고 마지막 결구인 〈24시를 힘겹게 걸어가네〉에서 아직도 초심의 마음으로 간직한 뿌리 깊은 내자內子에 대한 긍휼한 사랑 하나가 시인을 일으켜 세우고 삶을 유지하는 근본임을 고백함으로써 진실성reality에 연계된 사랑은 언제나 죽지 않는다는 확고부동의 명제를 우리는 발상적 근원에서 찾을 수 있겠다.

속 터놓고
정신까지 내놓고
그 앞에
간절한 마음 마주하며
내 속에 왔다가
네 속까지 가늠하며

서로의 안에서
둥지를 틀며
다만 바라보아도
거울 같이 보이던 속마음

언제나 우리를 지탱해 주던
한 생애 울울창창하던
그 푸르름같이

———「벗」 전문

무릇 우리 삶의 인생에 서로의 마음 안에 깃들 신뢰와 믿음으로 형성된 뜻과 이상을 합일하여, 인연과 관계로 서로의 정신을 주고받을 만한 벗 하나 있으면 그 인생은 참으로 성공한 삶이라고들 얘기한다. 이런 의미에서 본다면, 요즈음 시대를 지배하고 있는 비방과 모략, 그리고 불신과 맹종, 시기와 독선을 준열하게 비평한 이 시는 하나의 의미적 시로, 공감각적synesthesia 시로, 압축과 절제와 간결미가 돋보이는 시로, 특히 내용적 수사가 특징성을 지니는 시어를 요소 요소에 집합시킴으로써 참으로 가편이라 할 수 있겠다.

나와 너로 대별되는 인칭대명사적 관계를 도입하여 하나의 일치로 가는 마음과 정신의 상관관계를 일목요연하게 대별시킴으로써 긴장감까지 더하고 있는 이 시는 특히 1연의 〈내 속에 왔다가/ 네 속까지 가늠하며〉, 2연의 〈서로의 안에서/ 둥지를 틀며〉, 3연의 〈한 생애 울울창창하던/ 그 푸르름같이〉는 시인이 시를 연마 가공하는 기법과 기교가 가지는 높이와 무게가 가히 탁월한 존재감으로 와닿는 빼어난 시어들이다.

서로의 동류의식을 말하면서도 하나의 영탄법이나 과장법 없이 절정의 시를 이룩할 수 있는 시인의 역량에 감탄할 뿐이다. 어떤 세월이나 연륜을 가늠한 공시성共時性 없이 생산한 이 시는 주지적 목적의 내용미를 도덕과 윤리 등 유가적인 한계까지 접합시킨 맑고 유려한 시로 마음이 먼저 와닿는 상쾌함마저 지닌다.

다시 말하자면, 일목요연하게 놓여있는 정제된 시어들이 각기 하나의 구실과 역할론으로 빛을 발현하는 것은 하나의 내재율을 갖고 있기 때문이다. 특히 마지막 2연 〈한 생애 울울창창하던/ 그 푸르름같이〉는 탁월한 심미안이 거둔 빛나는 수확으로 보인다.

빨강 파랑 노랑 물감의
가을햇살 성큼
바람과 서리 찬 기운이 꽉찬 밤
붉고 노랗게 물든 단풍잎
국화향 즐거움에
산능선길
하얀 길 걷고 또 걷네
가을햇살에
뚝뚝 떨어지는 투명한 물감처럼
그 풍경 사이로 잔도 헤치며
고요로 내가 가네

서리마저 차가운 그 길
빈 가지의 엉성한 나무들의 가을처럼
물빛 비친 단풍들의 그림자 안고
그대 국화향처럼 숨은 그곳 찾아
오늘도 내가 가네

———「단풍에 취해 국화향 숨네」 전문

색상 대비로 마치 풍경화를 보듯 시가 지니는 회화적 요소를 의미적 요소로 환원한 시이다. 그리고 시를 알맞게 제련하여 더욱 돋보이게 하는 시어들이 자못 눈부시다. 시어 중 〈붉고 노랗게 물든 단풍잎〉 〈하얀 길 걷고 또 걷네〉 〈뚝뚝 떨어지는 투명한 물감처럼〉 〈물빛 비친 단풍들의 그림자 안고〉가 바로 그것이다. 이 시는 마치 유미적인 예술의 세계를 보듯 과거를 회상하며 현재의 삶으로 미래를 찾아가듯 일정한 연대기를 시인은 복원하고 있다.

그 과정을 인생길을 '걷고 또 걷네', '잔도 헤치며', '고요로 내가 가네', '오늘도 내가 가네' 에서 보듯 운명적이고도 숙명적인 삶의 길을 반복어 형식으로 추론함으로써 시의 외형률을 중심으로 환상적인 분위기를 이끌고 있다.

이미 이별한 사람이나 못 잊을 인연의 사람을 찾아가듯 시의 곳곳에 애소하듯 정감 넘치는 시어들의 이미지가 일품이다. 결구에서 보듯 생명 다하도록 하나의 시효가 없는 목적의 근원을 찾아가는 현재진행형이 이 시의 전연을 지배하고 있다. 못 잊을 자취와 흔적은 어디서 찾을 수 있을까. 어쩌면 현실적 혹은 가상적 인물을 대비시킨 서경적인 면모의 시로 마치 전원시eclogue 같은 아름다움과 매력을 지닌 시이다. 간접화법이 아닌 직유를 도입한 것은 보다 선명한 이미지를 제고한 것으로 보인다.

어쩌면 빛과 그림자가 되는 우리의 삶을 하나의 대상을 목표 지향적으로 찾아가는 과정을 그리며 어떤 좌절과 난관을 극복하는 희망적인 상황으로 대리만족을 구하는 내용적 수사도 가미한 시로, 실로 가볍지 않은 주지시의 개념도 지니고 있는 시로, 색상의 조화를 대비한 시어들을 내용미에 순환적으로 가미시키는 원리로 성공한 영상기법의 시로 참으로 가작이다.

망향정과 망미정 품은
호수 한가운데
우뚝 서 있는 착각으로 오는
착시현상
화순 적벽 뒤 넓은 잔디밭에
풀어놓은 사람

노루목 적벽에
눈앞에 펼쳐진 산
'산은 물을 만나 활기차고

물은 산을 만나 매혹적'이라고

앞산 가득한 산기슭의 운무
각양각색의 자연 옷으로 치장한
나무들 숲들
맑고 투명한 경이
한 계절을 지나며 옮기며
화순, 적벽이
날이 날마다 화제가 되는 그곳

———「화순, 적벽」 전문

마치 한 폭의 수채화를 보듯 맑고 선명한 시로 시의 내용적 주지와 의미적 대상이나 그 어떤 철학과 명상적 무게와 깊이를 극복한 이 시는 보다시피 자연이 주체가 되고 있다. 자연의 웅장함과 경이, 그리고 신비와 근접할 수 없는 위엄이 상존하는 그 자체를 모티브motive로 유토피아utopia적 상상력을 내면에 깔고 있는 이 시는 1연에 주목할 필요가 있다. 〈망향정과 망미정 품은/ 호수 한가운데/ 우뚝 서 있는 착각으로 오는/ 착시현상/ 화순 적벽 뒤 넓은 잔디밭에/ 풀어놓은 사람〉에서 보듯 우리는 여기서 하나의 지명에 이 시를 해설하는 중심을 결과 놓아서는 안 된다.

이 광활한 우주 안에서 생애를 유지하는 우리들은 늘 마음 안에 상존하는 인물들에 대한 착각과 착시현상을 갖고 산다. 그것이 인간이 아닌 생활의 한 단면도 될 수 있음을 인지해야 할 것이다.

이 시에서 보듯 호수나 넓은 잔디밭에 풀어놓은 사람은 하나의 개체로 이룩되는 자유로운 사람일 수도 있고 영영 이승을 떠나보낸 사람일 수도 있겠다. 궁극적으로 말하자면 인간은 늘 다수가 아닌 하나의 일체로서 존재감을 지닌다는 것이다.

2연에서 산과 물을 도입함으로써 우주의 균형을 일컬으며 사람 사는 세상의 주체를 간접으로 융화하며 일미를 이룬 이 시는 이승이나 저승, 혹은 현재의 이 세상을 하나의 목가적인 풍경으로 묘사하고 있다는 점이다. 풍경이 되는 수사와 묘사들이 각기 제 구실을 하는 독립적 시어로 재탄생하여 하나의 상관관계로 이 시의 묘미를 더하는 것은 시인의 탁월한 시적 역량에서 기인된 것이라 믿는다. 의인법과 환유법을 선호한 이 시는 자연이 가지는 태생적 형평성과 인간이 지니는 감성과 심성적 근원이 이룬 절묘한 합일의 매개체로 이룬 빛나는 이미지 서경시라고 볼 수 있겠다.

식탁 두 개에 빈자리 하나
세상에 혼자인 내가
참으로 애틋한 내가
군더기 없이 홀로이 마주한 식탁

그가 떠난 후
서럽게 서럽게
심장을 관통하는 이 외로움
스스로 돈 내고 식탁 위의
위스키 한잔 하며
하루를 건네 본다

아파트 앞의 노랑 단풍들 뒹굴고
꼭 딴 세상 같은 소풍으로
발걸음 흐느적거리며 오는
유령같은 밤

심심한 식탁에
꿈길에도 닿을 수 없는 그가
간절한 눈물 하나 떨구고 있는
그림자로 있는 밤

———「홀로이 한술」 전문

전자에도 언급했듯이 현형수 시인의 두 번째 시집 『언제나 내 안의 당신』에서는 아무래도 근자에 사별한 아내가 주제가 되는 시들이 주류를 이룰 수밖에 없겠다. 이 시에서도 끼니때마다 마주하는 식탁에서 과거를 회고하는 관념적인 일상을 되돌아보는 애틋한 감성이 주체를 이루고 있다. 우리 인간이 가장 극복하기 힘든 과정은 어떤 상황적 인식에서 가지는 고독과 외로움이다. 그것은 일정한 금전으로도 보상받을 수 없는 심성 안에서 깃든 정서와 촉매제가 되기 때문이다. 시인은 마주하는 식탁에서 술 한잔으로 극명한 외로움을 달래며 아내와 함께한 지난날을 영상의 필름처럼 되돌려보며 안정되지 않는 마음을 극복하는 과정을 그리고 있다. 부부애의 극지한 사랑으로 인간애적으로 유화한 시이다.

특히 시행 중 〈심장을 관통하는 이 외로움〉, 〈유령같은 밤〉은 매우 심플simple하다. 이것은 산 자와 죽은 자를 대비하는 2연의 〈스스로 돈 내고 식탁 위의/ 위스키 한잔 하며/ 하루를 건네 본다〉에서 스스로를 위로하며 극명히 이분법한 과감한 시어들을 도출함으로써 평범한 시적 주제를 거느린 이 시를 성공시키는 요인이 되고 있다.

맑고 단아한 시이지만 내밀한 감성을 유추하는 관찰력에서 발굴한 시어들이 각기 제몫을 하고 있다. 이는 끝없는 메아리로 환원되는 부부애의 근원이 된 끝연 〈심심한 식탁에/ 꿈길에도 닿을 수 없는 그가/ 간절한 눈물 하나 떨구고 있는/ 그림자로 있는 밤〉이 정靜적으로 마무리 된 것에서도 잘 표징되고 있다. 전혀 멋과 기교를 가미하지 않고도 사실적 의미의 주지적 내용을 무리 없이 소화 여과하는 시인의 시적 역량의 매력에 감탄하지 않을 수 없다. 우리 인간은 누구나 언젠가는 홀로이 된다. 이 외롭고 음습한 숙명적 과제를 어떻게 극복할 것인가. 방황과 허무도 함께 가져야 할 이 운명을 말이다.

오늘도 그곳에 있는 달
곁에서 뚫어져라 보고 있었다
서쪽으로 지구가 꼭짓점을 비튼 순간에도
달이 진 후에도 그곳에 머물고 있었다
지구가 서쪽 기울기로
중심을 옮긴 줄도 모르고
몸의 피가 서서히 타들어가는 동안
지구가 한 바퀴 돌고 또 멈추고
틈사이로 보름달이 비춰주는
마지막 순간에도
파리한 핏기 없는 얼굴은
참으로 고요로 평화로운데
가령 눈도 닿지 않는
머나먼 곳에서
차마 어쩔 수 없이 가만히 있는
모두를 비운 그대를 보며
다만 어리석게 울먹이고 있었는데
보름달은 서쪽으로 자꾸만 기울며
그대를 서서히 당기고 있었는데

———「새벽으로 기우는 달」 전문

우리는 객관적 주관적 사고를 포함한 미처 인지하지 못할 인생을 좌우할 만한 요소들이 각일각 다가오고 있음을 미처 알지 못할 때가 다반사다. 이는 우리의 정신이 직시하는 예감과 육감, 영감으로 비롯한 자기관찰과 통찰력의 한계인 것이다. 이 비연시는 자기도 모르게 실기한 순간적 재앙을 천체의 하나인 달을 발상적 근거로 소재를 구성하고 있다. 살면서 살아가면서 그 바쁜 일상의 와중에서 우리는 보름달이 차츰 기울어 상현달과 하현달, 그리고 초승달, 그믐달로 기울어지며 다시 생성하는 윤회론을 잊기

십상이다.

이 시의 모태가 되는 것은 이미 자생의 능력을 상실한 인간이 서서히 소멸되어 자연으로 회귀되는 그 과정을 몰랐을 때의 참담함과 자괴감을 토로한 시이다. 시각적 청각적 의미에서 벗어난 유형무형의 많은 것들은 전조가 있기 마련인데, 그 진행과정을 몰랐을 때의 자신의 책임론과 존재론은 비통함 그 자체일 것이다. 시인이 여기서 비연시를 선호한 이유는 이 세상 어디서든 모든 이유와 과정, 결과물들이 현재진행형임을 묵시적으로 암시한 현실주의modernism에 초점을 맞춘 데서 기인한 것으로 보인다.

이 비연시의 첫 2행 〈오늘도 그곳에 있는 달/ 곁에서 뚫어져라 보고 있었다〉와 끝연의 2행 〈보름달은 서쪽으로 자꾸만 기울며/ 그대를 서서히 당기고 있었는데〉의 시구는 참으로 발군이다. 양지와 음지의 근원의 하나인 '달'은 아내를 상징함이다. 늘 바라보아도 유유자적 한결같은 아내가 자신이 인지하지 못하는 사이 조금씩 생生을 단축하며 피폐해지는 통한의 모습을 실기하는 과정을 밀도있는 섬세한 시어들로 그 순간과 정황을 압축하고 있다. 어쩌면 철저한 삶으로 모범적 인생을 살던 시인이 일시에 무너져 내린 한생애의 처절한 순간을 공시적共詩的 효과를 도입하여 성공한 시로 보인다.

이상 두 번째 시집에서 현형수 시인은 보다 긍정적인 삶의 면모와 부부애와 인간애의 근본에서 유래하는 보다 높은 사랑의 표준을 깊이와 높이를 연관 지음으로써 인문학의 기초가 된 사람 사는 방법과 도리, 그리고 그리움과 사랑을 매개체로 한 우리 삶의 여러 면모의 원인 제공을 발효하는 시들을 선보임으로써 그만이 가지는 독특한 개성의 지평을 여는 데 성공했다고 보여진다. 보다 넓은 영역의 다양한 시들로 승부하여 더욱 큰 시인으로 정진하기 바라는 마음이다.

현형수 시집

언제나 내 안의 당신

인쇄일 | 2017년 7월 24일
발행일 | 2017년 7월 31일
지은이 | 현형수
펴낸이 | 최장락
펴낸곳 | 도서출판 푸름사
주　소 | 부산광역시 부산진구 부전로 35, 301호(부전동, 삼성빌딩)
전화 : (051)805-8002 팩스 : (051)805-8045
이메일 : doosoncomm@daum.net
출판등록 제329-2009-000010호

값 12,000원

ISBN 978-89-94839-18-9 03810

이 도서의 국립중앙도서관 출판예정도서목록(CIP)은 서지정보유통지원시스템 홈페이지(http://seoji.nl.go.kr)와 국가자료공동목록시스템(http://www.nl.go.kr/kolisnet)에서 이용하실 수 있습니다.(CIP제어번호 : CIP2017018443)